Sterben Äpfel auch?

Philosophische Nachdenkgeschichten für Kinder und Jugendliche

Textbuch

Philip Cam (Hg.)

Illustrationen von
Ken Rinkel

aus dem Englischen von Ulrike Beck

(Die Schreibweise der Texte folgt der reformierten Rechtschreibung.)

Verlag an der Ruhr

Impressum

Dank gilt den folgenden Zeitschriften, in denen frühere Versionen von einigen der Geschichten zuerst erschienen sind: *Analytic Thinking, Thinking: The Journal of Philosophy for Children,* und *Bulletin of the International Council for Philosophical Inquiry with Children.*

Titel: Sterben Äpfel auch?
Titel der australischen Originalausgabe:
Thinking Stories 1
Hale & Iremonger Pty Limited
GPO Box 2552, Sydney, NSW, Australien
Autor: Philip Cam
Illustrationen und Gestaltungskonzept:
Karen Rinkel
One Plus One Design Pty Limited
PO Box 517, Narrabeen, NSW, Australien
Redaktion: Gregor Rauh
Umschlag: Rüdiger Heierhoff
Satz und Layout: Markus Krieger
Druck: Druckerei Uwe Nolte, Iserlohn
Verlag: Verlag an der Ruhr
Postfach 10 22 51
45422 Mülheim an der Ruhr

ISBN 3-86072-256-5

Inhalt

ex
LIBRIS
A. D.

Einleitung oder den Anfang machen

PHILIP CAM

Gott sei Dank. Ich dachte schon einen Moment lang, ihr würdet diese Einleitung nicht lesen. Dann hätte ich nicht mit euch reden und euch alles über dieses Buch erzählen können.

Dies ist ein besonderes Buch. Es ist ein Buch mit Nachdenkgeschichten. Was ist eine Nachdenkgeschichte? Mal überlegen. Märchen, sagt man, sind voller Phantasie. Fabeln haben eine Moral. Geistergeschichten sind gruselig. Kriminalgeschichten haben ein unerwartetes Ende. Nachdenkgeschichten sind demnach ...

„O nein! Du wirst es ihnen nicht verraten, oder? Sie sollen selbst darauf kommen."

Das ist Ann. Ich habe schon geahnt, daß sie ihren Mund nicht halten kann, bis ich fertig bin. Ann ist eine Autorin in unserem Buch. „Ann, musst du mich unterbrechen, sobald ich den Kindern einen Satz zu diesem Buch sage?"

„Ich konnte mich nicht zurückhalten. Es ist die Art und Weise, wie du angefangen hast. Du hast mir gesagt, dass die Kinder reden werden. Sie reden über das, was sie interessiert. Und sie finden die Dinge allein heraus. Deshalb kannst du nicht eine Einleitung machen, in der du die ganze Zeit allein redest und jedem sagst, was was ist. Und außerdem: Wie kannst du von mir verlangen, so lange ruhig zu sein, wenn meine Geschichten erst ganz am Ende des Buches auftauchen?“

Entschuldigt mich bitte einen Moment. „Ann, das wollte ich gerade den Kindern erklären. Jetzt muß ich mir von neuem überlegen, wie ich es mache. Und im Übrigen: Wer ist als einzige Person in diesem Buch mit zwei Geschichten vertreten? Und sind beide Geschichten am Ende? Nein, sie sind es nicht. Du kannst nicht zwei Geschichten haben, die beide am Ende des Buches sind. Nur die letzte Geschichte kann am Ende sein.“

„Ach wirklich? Ich verstehe nicht, warum man nicht von mehr als einer Geschichte sagen kann, dass sie am Ende des Buches ist. Man könnte genauso gut sagen, das Ende eines Buches ist nur die letzte Seite, oder nur das letzte Wort – wo es heißt *Ende.* Warum fragen wir nicht die Kinder, was sie meinen?“

„Ann, könntest du bitte damit aufhören! Ich versuche gerade den Kindern zu erklären, worum es in diesem Buch geht, und du bringst uns völlig vom Thema ab. Könntest du mich bitte fortfahren lassen?“ Gut. Wie ich also gerade sagte ...

„Entschuldigung!“

„Was ist denn nun schon wieder los, Ann?“

„Mat ist da. Ich glaube, er will etwas sagen.“

Ann spricht von Matthew. Er ist ein weiterer unserer Autoren. Bitte entschuldigt mich noch einmal. Es dauert nur einen Augenblick. „Hallo Mat! Willst du etwas sagen?“

„Hey Phil. Ja, ich wollte nur sagen, daß Ann meiner Ansicht nach Recht hat. Warum fragst du nicht die Kinder, ob sie über die Frage diskutieren wollen, ob zwei Geschichten am Ende eines Buches sein können? Vielleicht möchten sie auch gerne darüber reden, was eine Geschichte zu einer Nachdenkgeschichte macht. Mehr noch, vielleicht haben sie sogar selbst ein paar Fragen?“

„Aber Mat, ich wollte den Kindern gerade erklären, wie wir über die unterschiedlichsten Dinge diskutieren werden, die ihnen an den Geschichten auffallen. Jeder kann Fragen zu den Dingen stellen, die ihn interessieren. Wir werden alle Fragen an die Tafel schreiben und dann werden wir zusammen darüber sprechen.“

„Phil! Phil! Phil!“

„Ja, Ann?“

„Wolltest du den Kindern nicht auch sagen, dass sie gut zuhören sollen, wenn ein anderer spricht? Dass es nicht schlimm ist, wenn man anderer Meinung ist, aber dass man Gründe dafür nennen sollte? Denn was ist letzten Endes besser: Nicht einer Meinung zu sein ohne

zu wissen warum oder herauszufinden warum man nicht einer Meinung ist?“

„Danke Ann. Das alles wollte ich den Kindern auch erzählen. Über Gründe nachzudenken ist wichtig. Es hilft einem Dinge zu verstehen.“

„Und wenn man sich die Gründe der anderen anhört, ist man eher in der Lage sie zu verstehen. Was hältst du davon, Phil?“

„Du hast recht, Ann. Vielleicht könnte man sagen, dass man auf diese Weise andere Standpunkte kennen lernt. Denn auch wenn wir nicht immer einer Meinung sind, können wir uns doch besser verstehen.“

„Genau.“

„Weißt du, was ich glaube, Ann? Ich glaube, dass das ganze Nachdenken, das die Kinder und ich zusammen unternehmen, sehr viel Spaß machen wird. Ich kann es gar nicht erwarten, bis wir endlich damit anfangen.“

„Phil, da ist etwas, was ich dir scheinbar noch erklären muss.“

„Was denn, Ann?“

„Nicht du wirst die Geschichten mit den Kindern lesen.“

„Nicht ich ...?“

„Nein.“

„Das ist nicht fair. Ich wusste nicht, dass ich dieses Buch nur produzieren würde und dass dann alles vorbei ist. Wenn ich dich richtig verstanden habe, heißt das auch, dass ich nichts mehr sagen kann, wenn diese Einleitung zu Ende ist."

„Armer Phil. Aber weißt du was?"

„Was?"

„Während wir uns unterhielten, haben die anderen Autoren zugehört und sie haben sehr viele Fragen, über die sie gerne reden möchten. Steven würde gerne wissen, was eine Geschichte zu einer Nachdenkgeschichte macht. Und Yeh hat gefragt, wann eine Frage interessant ist. (Na, das ist wirklich eine interessante Frage!) Ron weiß nicht, wann man jemanden unterbrechen darf und wann nicht. Phil hat auch eine Frage. (Nein Phil. Nicht du. Ich meine den anderen Phil.) Er möchte gerne wissen, wie wichtig es ist, gute Fragen zu stellen. Ist es genauso wichtig wie gute Antworten zu geben? Gilbert fragt, ob man gleichzeitig zuhören und denken kann. Ja, und Mat hat auch eine Frage. Er möchte wissen, was die ganzen anderen Dinge sind, die wir tun, wenn wir zusammen nachdenken, außer nachdenken. (Das scheint eine schwierige Frage zu sein.) Ach ja! Ich habe auch noch eine Frage. Enthält jede Nachdenkgeschichte eine Geschichte darüber, wie sie entstanden ist? Mat hat alle Fragen an die Tafel geschrieben und wir möchten gleich mit der Diskussion loslegen. Warum machst du nicht mit? Wie in guten alten Zeiten."

„Das ist eine wunderbare Einladung! Danke Ann. Ich kann es gar nicht erwarten."

„Bevor wir gehen, Phil, hast du nicht noch etwas vergessen?“

„Vergessen? Äh ...! Was denn?“

„Du hast dich noch nicht von den Kindern verabschiedet.“

„Ach du liebe Güte! Ich bin so durcheinander. Ich habe schon fast vergessen, dass sie da sind. Sie waren so ruhig. Ich sage nur schnell tschüs.“

Vielen Dank an alle fürs Zuhören. Ich hoffe, ihr habt genauso viel Spaß daran die Geschichten zu lesen und eure Ideen zu diskutieren, wie ich bei der Erstellung dieses Buches hatte. Lebt wohl! Das heißt: Viel Glück beim Denken!

Gehen wir zu dir oder zu mir?

STEVEN BEAR

Otto lebte in einer Höhle ganz in der Nähe einiger Büsche, an denen köstliche Beeren wuchsen. Es gab dort Bäume, Blumen und viele andere Tiere und Vögel. Nicht weit von Ottos Höhle war auch ein Fluss. Da begegnete er Una zum ersten Mal.

Una lebte in diesem Fluss mit Pflanzen, anderen Fischen, Insekten und Schnecken. Manchmal kamen Tiere vorbei um zu trinken, sich abzukühlen oder um sich etwas Leckeres zum Essen zu suchen. Und genau das tat Otto an jenem Nachmittag, als er Una traf. Er versuchte gerade etwas Leckeres zu fangen. Otto war ein Bär.

Als Otto Una das erste Mal sah, wie sie so mühelos durch das Wasser glitt, hätte Otto sie beinahe gegessen. Ottos einziger Gedanke war: „Dieser Fisch sieht köstlich aus und ich habe solchen Hunger.“

Aber genau in dem Moment als Una vorbeischwamm und Otto seine gewaltige Vordertatze mit den langen, scharfen Krallen hob, blickte Una nach oben und sah ihn an. Und aus irgendwelchen Gründen dachte sie nicht: „Oh Gott, ein Bär, nichts wie weg“, sondern sie dachte: „Hallo! Was ist das für ein stattliches, schönes Wesen? Ich werde es ansprechen!“

Sie steckte ihren Kopf aus dem Wasser und sagte: „Hallo. Ich bin Una und wer bist du?“ Otto stand mit seiner erhobenen rechten Vordertatze da und traute seinen pelzigen Bärenohren nicht. Er stand auf seinen drei Beinen und erwiderte: „Ahhhhhhh!“

Una tauchte anmutig ab und wieder auf: „Wie, sagtest du, ist dein Name?“

„Otto“, antwortete der Bär ganz langsam. Und dann fügte er noch ein „Ahhhhhhh!“ hinzu.

Una verschwand wieder unter der Wasseroberfläche und nach dem Auftauchen wollte sie wissen: „Hallo Otto. Was bedeutet ‚Ahhhhhhh‘?“

Als Una versuchte, Ottos ‚Ahhhhhhh‘ nachzuahmen, klang das sehr lustig, weil Ottos Stimme ein tiefes und dröhnendes Bärenbrummen war. Unas Stimme war hingegen hell und sanft. Otto grinste und sagte: „Una?“

Una steckte ihren Kopf wieder kurz unter Wasser und bemerkte dann: „Ein wunderschöner Tag heute.“

„Ja ... Una.“

Als nun Otto ihren Namen sagte, musste Una lachen, weil der Name sich aus ihrem Mund so ganz anders anhörte. Als Una lachte, wurde ihr ganzer Körper im Wasser leicht hin- und hergeschüttelt und löste kleine

Wellen aus, die sich zum Flussufer hin glätteten.

Inzwischen hatte Otto vergessen, dass er Una zum Mittagessen hatte verspeisen wollen. Er hatte seine Tatze wieder abgesetzt und ließ sich in der Mitte des Flusses nieder. Und Una, die ein wenig erschöpft von alldem Auftauchen und Sprechen war, begann Otto langsam und anmutig zu umkreisen. Otto beobachtete sie und dachte: „Sie ist wunderschön."

Nach einiger Zeit steckte sie den Kopf wieder aus dem Wasser und sagte: „Ich muss jetzt gehen, Otto. Kannst du morgen wieder kommen?"

„Ahhhhh, O.K.", brummte Otto.

Una lachte, „Tschüs Otto", und verschwand flussabwärts.

Otto blieb noch eine Weile dort sitzen, stand dann auf, verließ den Fluss und ging zu seiner Höhle. „Ich werde einige Beeren zu Mittag essen", dachte er bei sich auf dem Nachhauseweg. „Ich bin sowieso nicht richtig hungrig."

★ ★ ★

Otto war noch nie von einem Fisch angesprochen worden. Er wusste, wie gut sie schmecken, aber ihm war bis zu diesem Nachmittag nie aufgefallen, wie interessant und schön ein Fisch sein konnte. Otto dachte viel über Una nach, bevor er am nächsten Tag wieder zum

Fluss ging und auf sie wartete. Bald war sie da.

„Hallo, Otto“, sagte sie, als sie ihren Kopf aus dem Wasser steckte. Sie paddelte dazu die ganze Zeit mit der Schwanzflosse um sich abzustützen. Otto begrüßte seine neue Freundin mit seinem liebenswertesten Bärenbrummen. Dann tauchte Una ab und begann um Otto Kreise zu ziehen. Zuerst einfache Kreise, dann Muster, die so aussahen:

Bald darauf schwamm sie folgendes Muster um den Bär:

Otto lachte und klatschte mit den großen Vordertatzen. Una steckte ihren Kopf aus dem Wasser und lächelte. Die beiden Freunde waren froh, dass der andere solchen Spaß hatte. Otto legte seinen Kopf in den Nacken und stimmte, halb singend, halb brummend, ein Lied an, wie er es von den anderen Bären im Wald gehört hatte. Es ging so:

BBBRRUUMMUUUU
BBBRRUUMMUUUU
Grunz Grunz
BBBRRUUMMUUUU

Una hörte Ottos Lied und tanzte unter Wasser zugleich kraftvoll und anmutig dazu. Sie spürte die Schwingungen von Ottos brummendem Bass unter Wasser und tanzte so, als hätte sie ihr ganzes Leben nichts anderes getan. „Kein Bär hat jemals so für mich gesungen. Geschweige denn ein Fisch“, dachte Una, als sie um Otto tanzte. Manchmal schwamm sie so nah an ihn heran, dass sein Fell ihre weichen Schuppen berührte.

Otto sang sein Bärenlied und Una tanzte ihren Fischtanz und die beiden taten das eine ganze Weile. Dann streckte Una ihren Kopf aus dem Wasser, sah Otto an und beide lachten und lachten, bis sie ziemlich erschöpft waren.

„Kommst du morgen wieder, Otto?“

„Ja, Una. Brruummm.“

„Tschüs, Otto.“

„Tschüs, Una“, sagte Otto, der zu dem Fisch hinuntersah, mit einem breiten Bärengrinsen im Gesicht.

Una wollte gerade ein Stück flussabwärts schwimmen, wo das Wasser tiefer wurde, da fiel ihr noch etwas ein: „Würdest du morgen gerne mit mir flussabwärts kommen um zu sehen, wie ich wohne, Otto? Das Wasser hier ist sehr seicht für mich.“ „Ja, gerne“, sagte Otto. „Und den Tag darauf zeige ich dir mein Zuhause“, fügte er hinzu. „Es ist sehr schön. Ich bin mir sicher, dass es dir gefällt.“

„O.K.“, sagte Una. „Treffen wir uns morgen wieder hier?“

Otto brummte zustimmend.

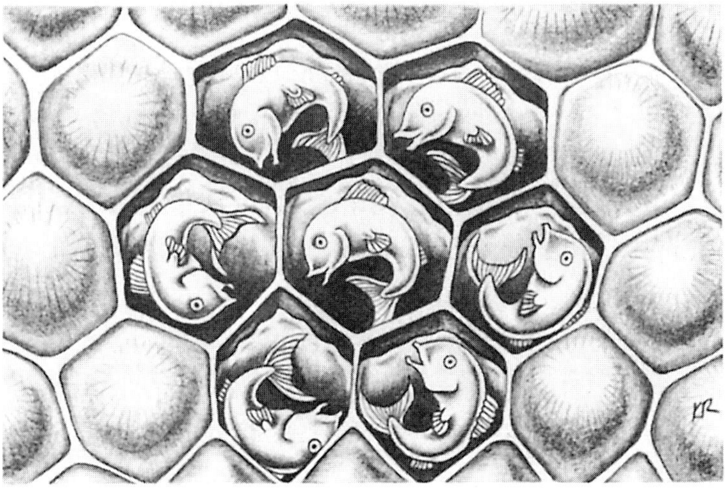

★ ★ ★

Am folgenden Nachmittag trafen sich die Freunde wie verabredet an der gewohnten Stelle.

„Fertig, Otto?“

„Ja“, brummte Otto, der ein bisschen Angst hatte, sich aber nichts anmerken lassen wollte.

„Hier lang, komm mit“, sagte Una und schwamm langsam flussabwärts. Otto folgte ihr.

Schon bald reichte das Wasser Otto bis zum Kinn. Er blieb stehen.

„Komm, Otto, es ist sehr schön weiter unten.“ Otto holte tief Luft und ging weiter geradeaus, bis er ganz unter Wasser war.

„Es ist dunkel und unheimlich hier“, dachte Otto, „aber irgendwie aufregend.“ Nach sehr kurzer Zeit musste der Bär allerdings Luft holen. Aber da war keine Luft zum Atmen. Una schwamm verspielt um ihn herum und wollte ihn in immer tiefere Gewässer führen. Aber Otto machte kehrt und strampelte so schnell wie möglich ins flache Wasser zurück – sehr schnell ging das allerdings nicht. Dann sprang er durch das seichte Wasser zurück bis an die Stelle, wo sie sich immer trafen, setzte sich in die Mitte des Flusses und rang nach Atem. Er fühlte sich ziemlich elend.

Una schwamm hinter ihrem großen, pelzigen Freund her und fragte: „Du magst meinen Flussabschnitt nicht, stimmt’s, Otto?“ Sie war nun auch nicht mehr so gut gelaunt und fröhlich wie sonst.

„Es ist wunderschön dort, aber ich brauche Luft zum Atmen. Und da, wo du lebst, kann ich nicht atmen."

„Oh", sagte Una nachdenklich.

„Aber vielleicht gefällt dir ja die Höhle, in der ich wohne", sagte Otto voller Hoffnung.

„Ich möchte gerne dein Zuhause sehen", erwiderte Una und versuchte ihre Enttäuschung über den missglückten Tag zu verbergen.

„Treffen wir uns morgen wieder hier?", fragte Otto.

„O.K.", sagte Una. „Tschüs, Otto."

„Tschüs, Una."

★ ★ ★

Am Nachmittag und Abend bereitete Otto seine Höhle vor, damit sie richtig schön für Una sein würde. Er pflückte Blumen und Beeren und stellte sie in die Höhle. Dann räumte er seine bärenhafte Unordnung auf, so gut er konnte.

Als er Una am nächsten Tag traf, war sein Fell sehr sauber und weich. „Bist du bereit?", fragte er.

„Ja, Otto. Wie kommen wir zur Höhle?"

„Ich nehme dich in den Mund und wir gehen zusammen hin."

„Otto!", stieß Una schockiert aus.

„Du musst keine Angst haben", erwiderte Otto. „Dort bist du sicher."

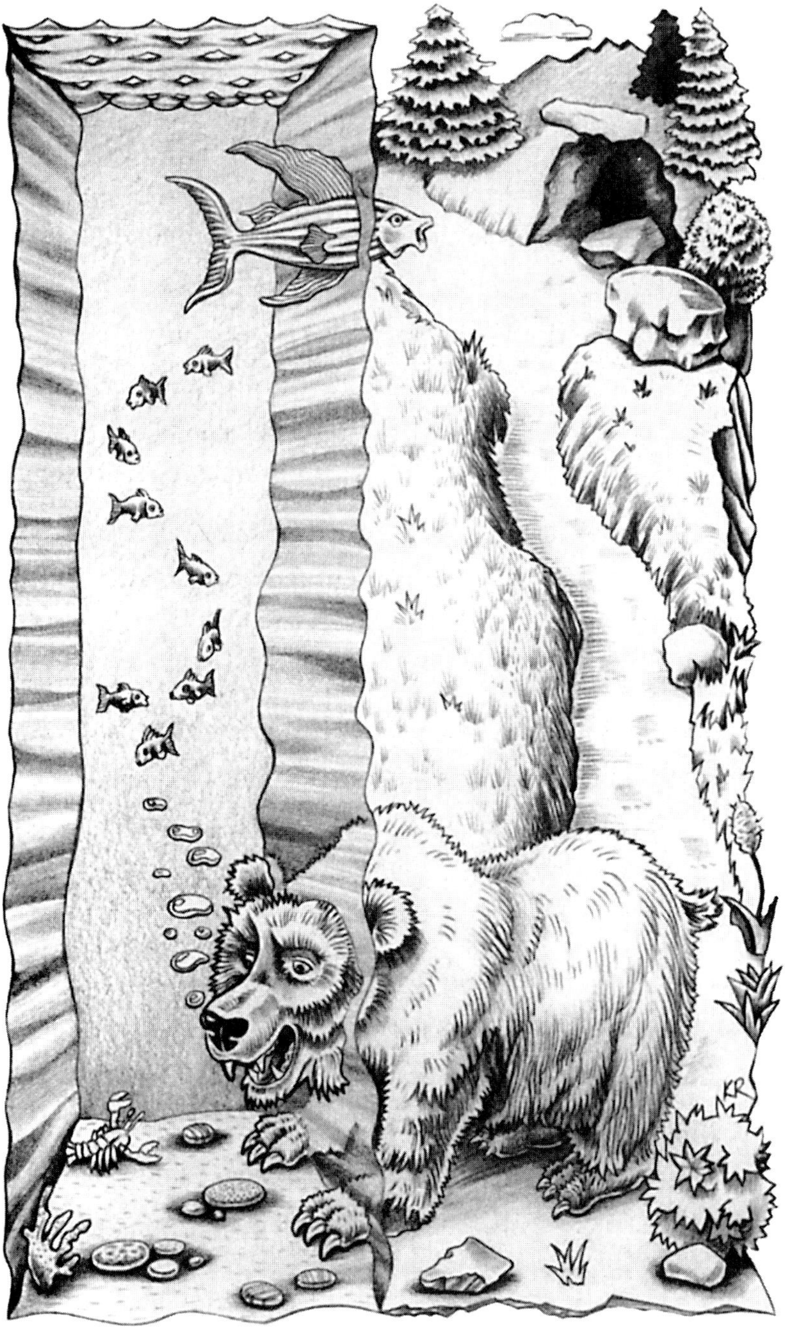

Una vertraute Otto, deshalb schwamm sie, als er sein Maul ins Wasser hielt, so hinein, dass ihr Kopf auf der linken und ihre Schwanzflosse auf der rechten Seite ein Stück überstand. „Es kann losgehen", sagte Una mutig, als sie es sich in Ottos Maul so bequem wie möglich gemacht hatte.

Otto hob den Kopf und lief schnell in Richtung Höhle, die nicht weit weg war.

Unas erster Eindruck war, wie hell und bunt alles war. Aber nur einige Sekunden später begann sie nach Luft zu schnappen und ihr wurde schwindelig. „Bring mich zurück, Otto", japste sie, „bring mich sofort zurück."

„Gggrrrgghh uunnngguurrnnggh", sagte Otto. Er wollte eigentlich „Du hast mein Zuhause noch gar nicht gesehen" sagen, konnte aber mit einem japsenden und zappelnden Fisch im Maul nicht deutlich sprechen.

„Otto! Wasser! Hilfe!", japste Una, die sich noch nie in ihrem Leben so schlecht gefühlt hatte. Otto stürzte zurück zum Fluss und setzte Una vorsichtig im seichten Wasser ab. Nach einigen Minuten konnte Una wieder normal schwimmen und sprechen.

„Oh, Otto", sagte sie, „ich muss jetzt gehen."

„Tschüs, Una", brummte Otto und seine Stimme war jetzt sanft und traurig.

Una sah den Bär einen Augenblick schweigend an, tauchte dann ab und schwamm flussabwärts. Otto blieb noch eine ganze Weile dort sitzen und blickte still auf das vorbeifließende Wasser. Dann stand er auf und ging nach Hause.

★ ★ ★

In den darauf folgenden Tagen blieb Una im tiefen Wasser und Otto verließ seine Höhle nur, wenn er ein paar Beeren essen wollte. Erst eine Woche später trafen sich die beiden wieder an der seichten Stelle des Flusses. Otto fischte.

„Otto!", rief Una. Dann schwamm sie an die Oberfläche und sagte mit ihrer ernstesten Stimme: „Otto ... ich gehöre ins tiefe Wasser zu meinen Freunden."

„Und ich sollte mehr essen", antwortete Otto. „Es wird wieder kälter und ich muß Fett ansetzen für den Winter. Ich schlafe im Winter und muss mich warm halten. Ich versuche gerade mir ein Mittagessen zu besorgen."

„Otto!"

„Eigentlich habe ich hier schon genug gegessen. Ich denke, ich werde jetzt nach Hause gehen", brummte Otto und trottete zum Flussufer. Als er eine Pfote auf das Gras aufgesetzt hatte, hörte er die vertraute Stimme.

„Otto."

Otto drehte den Kopf, blieb aber mit einer Pfote auf dem Gras. Unas kleiner Kopf sah vom Ufer aus so winzig aus. „Otto, wir können doch bis zum Winter Freunde bleiben, oder?“, rief sie.

„Ja, Una“, erwiderte Otto, die Tatze noch immer auf dem warmen Gras.

„Bis bald, Otto“, sagte Una mit bemüht fröhlicher Fischstimme.

„Bis bald, Una“, rief Otto zurück. Dann stieg er aus dem Wasser und ging nach Hause.

Das Vogelnest

Yeh Hseng-Hong

Jen-Jen kam aus der Schule. Als sie ihre Mutter sah, rief sie: „Mama, was hast du mit deinen Haaren gemacht?“

Ihre Mutter sagte: „Wie gefällt es dir? Es sieht gut aus, nicht wahr? Ich habe mir gerade eine Dauerwelle machen lassen.“ Jen-Jen verzog ihren Mund. Sie ging prüfend um ihre Mutter herum. „Ich finde nicht, dass es gut aussieht. Mir gefällt es nicht. Ich finde, es war vorher besser. Es sieht so zerzaust aus jetzt und irgendwie viel größer. Es sieht aus wie ein Vogelnest.“

Jen-Jens Mutter versuchte ihre Tochter und wahrscheinlich auch sich selbst zu beruhigen. „Oh, Jen-Jen! Ich kann mir schon vorstellen, dass du meine Haare im Moment nicht magst. Aber vielleicht gewöhnst du dich nach ein paar Tagen daran. Dann wirst du die Frisur sicher mögen.“ Jen-Jen war sich nicht so sicher. „Vielleicht. Aber trotzdem ist dein Kopf heute zweimal so groß wie gestern – und er wird immer größer wie ein riesiges Vogelnest.“

KR

Am nächsten Morgen warf Jen-Jens Mutter als Erstes einen Blick in den Spiegel. „Oh Gott!“, rief sie aus. Nach einer Nacht sah ihre Frisur noch schlimmer aus als am Vortag. Sie kämmte ihre Haare sehr lange und fing dann an sie zu föhnen. Als nichts half, ging sie unter die Dusche. Zurück im Schlafzimmer fing sie wieder an ihre Haare zu kämmen und zu föhnen. Ihre Frisur wurde immer größer. Jen-Jens Mutter war zuerst traurig und dann wütend. Sie dachte an das viele Geld, das sie für die Dauerwelle ausgegeben hatte. Sie wusste nicht, was sie nun mit ihren Haaren machen sollte.

Jen-Jen kam herein. Sie war entsetzt und schrie: „Mama, dein Vogelnest wird immer größer. Du hast gesagt, es würde besser, aber es ist schlimmer geworden!“

Ihre Mutter antwortete: „Grrr! Sag das nicht mehr. Ich weiß, dass es hässlich ist.“

Aber Jen-Jen hörte nicht auf. „Warum hast du dir eine Dauerwelle machen lassen, Mama? Deine Haare waren so schön glatt vorher und sahen so gut aus. Und jetzt sind sie scheußlich. Sie sehen aus wie ein Vogelnest!“

„Vogelnest! Vogelnest!“, rief ihre Mutter. „Wie oft willst du das noch sagen? Hör bitte endlich damit auf!“

Jen-Jen stand nur da und sagte ruhig: „Es ist eine Tatsache, Mama. Es ist ein Vogelnest.“

Das war zu viel: Jen-Jens Mutter ging hoch wie eine Rakete. Sie brüllte los: „Ich habe dich gebeten es nicht noch einmal zu sagen. Und du hast es trotzdem gesagt. Ich möchte nicht mehr über meine Frisur sprechen."

Jen-Jen war eine ganze Weile still. Schließlich sagte sie: „Erinnerst du dich daran, als ich im letzten Jahr Klavier gespielt habe? Du hast immer neben mir gestanden und gesagt, dass ich nicht richtig spiele. Ich wollte, dass du weggehst. Aber du bist einfach stehen geblieben. Ich wusste selbst, dass ich mehr üben musste. Aber ich war schließlich gerade dabei. Aber du hast die ganze Zeit an mir herumgenörgelt."

Jen-Jens Mutter schien sehr überrascht. Zunächst antwortete sie nicht. Dann sagte sie mit harter Stimme und zusammengebissenen Zähnen: „Haare und Klavier, das sind zwei ganz unterschiedliche Dinge. Das kann man nicht vergleichen."

„Sind sie wirklich so unterschiedlich?", hakte Jen-Jen ruhig nach. „Ich dachte, man könnte sie sehr wohl vergleichen. Worin liegt der Unterschied?"

Tommy und die Zeit-Schildkröte

Matthew Lipman

B-r-r-r-ing!

Tommy nahm den Hörer ab. „Hallo?", fragte er leise.

Die Stimme am anderen Ende der Leitung sagte: „Hallo! Das ist die Chance deines Lebens! Alles, was ich von dir möchte, ist eine Minute Zeit!"

Der Anrufer sprach so langsam, dass Tommy unwillkürlich dachte: „Eine Minute hast du schon!" Laut sagte er aber: „Ich werde meinen Vater holen. Wer ist am Apparat?"

„Ich", sagte der Anrufer, „bin die Zeit-Schildkröte. Geh nicht deinen Vater holen! Ich möchte mit dir sprechen! Alles, was ich von dir möchte, ist, dass du mir eine Minute deiner Zeit gibst!"

Tommy runzelte die Stirn und dachte: „Das macht zwei Minuten!" Aber Tommys Interesse war geweckt. Er fragte: „Sammeln Sie Zeit?"

„Genau!", antwortete die Zeit-Schildkröte. „Ich bin so langsam, ich brauche alle Zeit, die ich kriegen kann!"

Dann fügte sie hinzu: „Bei meinen heiligen Ohren, du stellst ganz schön viele Fragen, mein Junge!“

„Es tut mir leid, aber ich glaube, ich kann Ihnen nicht viel geben“, sagte Tommy, der allmählich Mitleid mit der Zeit-Schildkröte bekam.

„Das ist schon in Ordnung!“, sagte die Zeit-Schildkröte mit schleppender Stimme. „Ich möchte deine Zeit nicht als Geschenk haben! Ich gebe dir etwas dafür: die Chance deines Lebens! Wie findest du das?“

„Prima!“, rief Tommy aus. „Wie soll ich Ihnen meine Zeit geben?“

„Du hast es schon getan“, kicherte die Zeit-Schildkröte. „Darum steht dir jetzt ein Los zu. Sage mir deinen Namen und ich schreibe ihn auf ein Los. Dann werfe ich dein Los in eine große Trommel zu allen anderen Losen und ziehe einen Gewinner. Vielleicht hast du dann gewonnen. Also, wie heißt du?“

„Tommy.“ Und als die Zeit-Schildkröte nicht reagierte, fügte Tommy hinzu: „T-O-M-M-Y.“

„Vielen Dank!“, antwortete die Zeit-Schildkröte. „Ich war noch nie besonders gut im Buchstabieren!“

Tommy dachte: „In was ist sie gut?“ Aber er war zu höflich um diese Frage zu stellen.

„Ich schreibe deinen Namen auf das Los mit der Nummer 95 748. Also: T ... U ... M ... M ... Y.“

Tommy antwortete energisch: „Nein, nein, das ist falsch! Nicht Tummy: Tommy!“

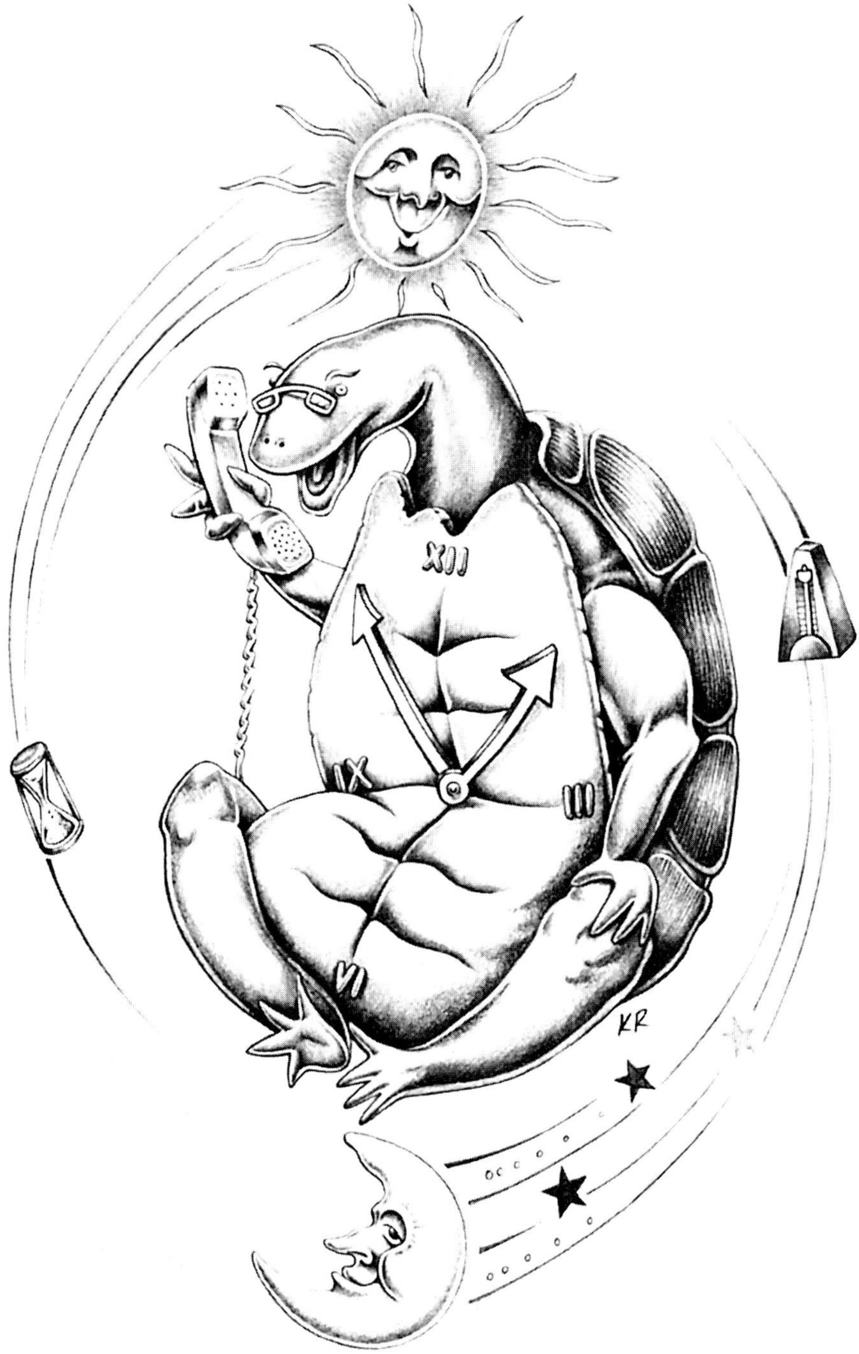
XII
IX
III
VI
KR

„Oh, oh, Entschuldigung“, sagte die Zeit-Schildkröte und es schien ihr richtig Leid zu tun. „So, jetzt hab’ ich es. T-O-M-M-Y. Stimmt das?“

„Ja“, erwiderte Tommy. „Und wann wird die Verlosung stattfinden?“

„Na, jetzt natürlich!“, antwortete die Zeit-Schildkröte. „Erst mische ich alle Lose gut durch, genau so, dann fische ich herum und ziehe ein Los! Der Name des Gewinners ist – der Name des Gewinners ist – ...“

„Los, sagen Sie schon“, rief Tommy voller Aufregung.

„Ich muß meine Brille holen. Wo steckt sie bloß? Da ist sie ja, auf meiner Nase! Der Name des Gewinners ist Tommy! Oh, dann bist du ja der Glückliche! Gerade hast du erst ein Los bekommen und schon bist du ein Gewinner!“

Tommy war völlig aus dem Häuschen: „Ich habe noch nie etwas gewonnen, noch nie in meinem ganzen Leben!“, sprudelte er los. „Warten Sie, ich muss es meinen Eltern sagen.“ Aber dann fiel ihm plötzlich etwas auf. „Aber – aber Sie haben mir gar nicht gesagt, was ich gewonnen habe?“

Die Zeit-Schildkröte antwortete: „Da hast du Recht. Ich habe es wohl vergessen! Bei meinen heiligen Hosenträgern!“ Und sie lachte so lange über diesen Spruch, dass sie wieder vergaß Tommy zu erzählen, was er gewonnen hatte.

Tommy räusperte sich und fragte höflich nach: „Was habe ich denn nun gewonnen?“

„Du hast Zeit gewonnen, was denn sonst?“, erwiderte die Zeit-Schildkröte. „Jeder hat ein bisschen Zeit abgegeben und einer gewinnt die ganze Zeit. Bei meinen heiligen Fußnägeln, du bist wirklich ein Glückspilz!“

„Ich verstehe nicht ganz“, sagte Tommy. „Mein Los hat gewonnen. Oder ich habe gewonnen. Das ist ja einerlei. Aber was habe ich gewonnen? Bitte sagen Sie es mir doch!“

„Und du hast ein Recht es zu erfahren, mein Junge, du hast ein Recht!“, lachte die Zeit-Schildkröte. „Bei meinem heiligen Bauchnabel –“

Tommy unterbrach sie ungeduldig: „Ich glaube nicht – äh, verstehen Sie mich recht, aber eine Schildkröte hat keinen Bauchnabel –“

„Eigentlich wollte ich auch ‘Bei meinen heiligen Neuren’ sagen“, erwiderte die Zeit-Schildkröte.

„Meinen Sie vielleicht ‘Bei meinen heiligen Nieren’?“, fragte Tommy, der allmählich die Geduld verlor.

„Das habe ich doch gesagt, oder etwa neucht?“, antwortete die Zeit-Schildkröte.

Tommy zog die Augenbrauen hoch. Er sagte: „Ich weiß immer noch nicht, was ich gewonnen habe.“

„Oh, bei meinen heiligen Socken“, rief die Zeit-

Schildkröte aus, „Natürlich, na klar! Was du gewonnen hast! Du hast natürlich einen Wunsch frei!“

„Was für einen Wunsch?“, fragte Tommy verwundert.

„Na ja, du hast ja, wie gesagt, ganz viel Zeit gewonnen, jetzt musst du dir nur noch überlegen, was du damit machen willst.“

„Was zum Beispiel?“, fragte Tommy mit einem Stirnrunzeln.

Die Zeit-Schildkröte seufzte. „Bei meinem heiligen Walkman! Denk doch mal nach, Junge, denk dir was aus! Du bist doch nicht auf den Kopf gefallen! Was würde dir gefallen, was zu lange dauert?“

Tommy antwortete: „Da muss ich nicht lange nachdenken. Ich weiß schon. Ich habe mir letzte Woche zum Geburtstag einen Baum gewünscht, der vor meinem Fenster stehen soll. Meine Eltern haben mir ein kleines Bäumchen geschenkt, das mir gerade bis zur Hüfte geht. Ich muss wohl etwas enttäuscht ausgesehen haben. Als sie mich fragten, ob etwas nicht in Ordnung sei, habe ich gesagt, dass es viele Jahre dauern wird, bis dieses Bäumchen groß ist, weil Bäume so langsam wachsen. Und ich habe gesagt, ich wolle keinen Baum, der langsam wächst, sondern einen, der über Nacht riesengroß ist.“

„Na, dann hast du ja einen Wunsch“, entgegnete die Zeit-Schildkröte. Wenn du mich noch einmal brauchst, meine Nummer ist 107 – 249 – 4630.“

Mit diesen Worten legte sie auf.

Tommy schrieb die Nummer schnell auf seinen Handrücken, falls er sie vergessen würde. Dann sagte er seinen Wunsch.

Am nächsten Morgen nach dem Aufwachen lief er schnell zum Fenster. Tatsächlich, ein gewaltiger Baum drückte sich gegen die Fensterscheibe und Tommy konnte kaum hinaussehen. Er lief nach unten vors Haus. Dort stand ein Baum so groß wie ein Wolkenkratzer! Seine Spitze verlor sich im Himmel! Die Zeit-Schildkröte hatte ihr Versprechen gehalten!

Tommy lief einmal um den gewaltigen Baumstamm herum, ging ein Stück weg und betrachtete den riesigen Baum aus der Ferne. Dann lief er zum Haus zurück ins Badezimmer um sich die Zähne zu putzen.

Beim Zähneputzen sah er zufällig in den Spiegel über dem Waschbecken. Aber sein Spiegelbild war nicht er selbst! Es war ein anderer – ein alter Mann!

Was war passiert? Tommy hatte eine solche Angst, dass er kaum zu atmen wagte.

Die Nummer der Zeit-Schildkröte stand noch immer auf seinem Handrücken! Er stürzte zum Telefon und wählte die Nummer 107 – 249 – 4630. Es schien ewig zu dauern, endlich hörte er eine Stimme vom Band: „Die Nummer, die Sie gewählt haben, ist nicht in Betrieb. Wählen Sie bitte die 800 – mit der Vorwahl 99 für SCHILDKRÖTE."

Tommy wählte die 800 – mit der Vorwahl 99 für SCHILDKRÖTE. Voller Erleichterung hörte er die Stimme der Zeit-Schildkröte. Tommy erzählte der Zeit-Schildkröte, was passiert war. Er endete mit den Worten: „Der Baum ist sehr schön. Aber wenn ich in den Spiegel sehe, ist da ein alter Mann. Wer ist das?“

„Wer das ist?“, rief die Zeit-Schildkröte. „Bei meinen heiligen Kniescheiben, das bist natürlich du, wer denn sonst, mein Junge! Es ist natürlich ein älteres Du, als du gestern warst!“

„Aber ich verstehe nicht“, jammerte Tommy bestürzt. „Ich dachte, nur der Baum würde älter, nicht ich!“

Die Zeit-Schildkröte sagte sanft: „Das tut mir Leid, Tommy. Ich dachte, du hättest mich verstanden.

Ich kann nur das tun, was möglich ist. Ich kann die Zeit beschleunigen, aber das muss für alles gelten, nicht bloß für eine Sache. Ich dachte, du hättest das verstanden, als du es dir gewünscht hast."

Tommy war außer sich. „Was meinen Sie damit, Sie dachten, ich hätte verstanden? Ich habe nichts dergleichen verstanden! Jetzt haben Sie einen alten Mann aus mir gemacht." Tommy wischte sich mit dem Handrücken schnell einige wütende Tränen weg. „Meinen Sie etwa, ich hätte mir das gewünscht, wenn ich es gewusst hätte?"

Die Stimme der Zeit-Schildkröte wurde nun noch sanfter. Es war nur noch ein Flüstern. „Möchtest du, dass alles wieder wird wie vorher?"

Tommy witterte seine Chance. „Geht das? Meinen Sie das wirklich?"

Die Zeit-Schildkröte kicherte. „Kein Problem! Bei meiner heiligen Brille, überhaupt kein Problem!"

Plötzlich fühlte Tommy, wie ein Schauer durch seinen ganzen Körper lief, von der Kopfhaut bis zu seinen Fußsohlen. Er rannte ins Badezimmer und sah in den Spiegel. Er sah wieder so aus wie am Vortag!

Er lief nach draußen. Da stand unter dem Fenster seines Zimmers ein kleines Bäumchen, das ihm gerade bis zur Hüfte reichte. Tommy ging zurück ins Haus und nahm den Hörer wieder in die Hand. Die Zeit-Schildkröte musste aufgelegt haben.

Tommy wählte immer und immer wieder ihre Nummer, aber unter 800 – mit der SCHILDKRÖTEN-Vorwahl 99 – antwortete niemand. Es meldete sich auch keine Stimme vom Band, die sagte, dass sich die Nummer geändert habe oder man falsch verbunden sei. Es kam einfach gar keine Antwort.

Plötzlich fiel Tommy die Nummer auf seinem Handrücken wieder ein! Aber die war leider völlig verschmiert.

Das alles passierte vor einigen Jahren, aber Tommy erinnert sich noch sehr genau daran. Jedes Jahr an seinem Geburtstag versucht er, die 800 – mit der Vorwahl 99 für SCHILDKRÖTE – zu wählen. Er rechnet nicht wirklich damit die sanfte, schleppende Stimme der Schildkröte wieder zu hören, aber er versucht es trotzdem und hofft, dass es doch noch einmal passiert.

Eine Nacht unter Sternen

Ann Margaret Sharp

Vor nicht allzu langer Zeit habe ich etwas über den Tod erfahren. Bis zu diesem Zeitpunkt hatte ich nie darüber nachgedacht.

Der Vater meines Vaters, der bei uns wohnte, starb. Er war mein Großvater. Und er war mein guter Freund. Ich habe ihn sehr geliebt. An einem Tag war er noch da, am anderen nicht mehr. Ich fühlte mich, als hätte ich ein großes Loch in meiner Brust.

Immer wenn ich aus der Schule kam, unterhielt ich mich mit meinem Großvater. Er hörte gerne zu. Er hörte auch sehr genau zu. Seine Fragen haben mir immer gezeigt, dass er das, was ich gesagt habe, ernst nahm. Ich hatte das Gefühl, er dachte über jedes Wort nach, das aus meinem Mund kam. Er hat mich nie unterbrochen. Das fand ich gut.

Am Abend vor seinem Tod sagte er zu mir: „Was hältst du von einem kleinen Spaziergang, Bernhard?“

„Ich würde heute Nacht gerne im Freien schlafen, Opa, unter den Sternen. Es ist warm heute. Du könntest mir wieder vom Großen und vom Kleinen Bären erzählen. Dann können wir den Abendstern suchen. Was meinst du?"

„Ich packe sofort ein paar Sachen zusammen", sagte er.

Als wir zum Strand kamen, suchten wir uns ein geschütztes Plätzchen an den Felsen. Mein Großvater sammelte ein paar kleine Holzstücke, die im Sand lagen, und machte ein Feuer. Das Feuer und das Meer rochen zusammen großartig. Das Geräusch der Wellen, die gegen die Felsen schlugen, vermischte sich mit dem Knistern des Feuers und dem leichten Säuseln des Windes. Ich fühlte mich sehr wohl.

„Opa, erzähl mir eine Geschichte."

Eine ganze Weile sagte er kein Wort. Er sah nur hinaus auf das Meer. Gerade als ich dachte, er würde gar nicht mehr reden, begann er: „Vor langer Zeit habe ich einen Mann gekannt. Er war mein Freund. Sein Name war Juan Carlos. Er hatte als junger Mann seine Heimatstadt verlassen. Er hatte einfach alles hinter sich gelassen: seinen Vater, seine Mutter, sein Zuhause, alles. Er hatte sogar seine Arbeit aufgegeben. Er lebte dann viele Jahre in unserem Dorf. Eines Tages kam die Polizei und nahm ihn mit. Ich habe ihn nie wieder gesehen. Viele Jahre später hörte ich, dass er tot war. Ich fühlte mich sehr allein."

Mein Großvater nahm einen Stock und stocherte im Feuer herum um es wieder anzufachen. Ich musste immerzu auf die roten und orangefarbenen Funken sehen, die hinauf in den Himmel tanzten.

„Was passierte dann, Opa?"

„Jahre später ritt ich mit meinem Pferd durch die Berge in Nordspanien und etwas sehr Seltsames geschah. Ganz plötzlich kam ein Sturm auf. Es begann sehr stark zu schneien. Ich hatte Angst, ich würde es nicht mehr bis zur nächsten Ortschaft schaffen. Da sah ich in der Ferne das Gesicht meines Freundes. Es war in Stein gehauen. Sein Profil war genau vor mir, in Stein gehauen."

Großvater wartete einen Moment und starrte in die Glut.

KR

Dann fügte er leise hinzu: „Jetzt lebt mein Freund, verwandelt in Stein, ewig.“

„Das ist eine ziemlich gruselige Geschichte“, sagte ich.

„Warum sagst du das?“, wollte mein Großvater wissen.

„Ich weiß nicht genau. Ich habe eine Gänsehaut bekommen. Aber ich mag die Vorstellung, dass dein Freund nun ewig lebt, Opa.“

„Ich auch, Bernhard. Ich auch!“

Das war die letzte Unterhaltung, die ich mit meinem Großvater hatte. Erinnerst du dich noch daran, was ich am Anfang gesagt habe? An einem Tag war er noch da, am anderen nicht mehr.

Ich kann es immer noch nicht begreifen.

Das Messer

Philip Guin

Karl hatte gar nicht vorgehabt das Messer zu stehlen. Er war ganz früh morgens in das Eisenwarengeschäft von Herrn Buchloh gegangen um eine Dose Farbe zu kaufen. Damit wollte er die Bretter seines Baumhauses überstreichen. Aber die Farbe, die er verlangt hatte, war im Lager. Während Herr Buchloh sie von hinten holte, blieb Karl im Laden, und sein Blick wanderte über die Auslagen.

Es war noch so früh, dass Karl ganz allein im Laden war. Es gefiel ihm, mit all diesen nagelneuen Dingen allein zu sein: den glänzenden Angelruten, den hübschen Taschenlampen und Kofferradios. Dann fiel sein Blick auf den normalerweise abgeschlossenen Kasten mit den teuren Jagdmessern.

Der Kasten war auf! Karl nahm ein sehr schönes Messer in die Hand und untersuchte es. „Wie nützlich wäre das bei der Arbeit an meinem Baumhaus“, dachte er bei sich, „das ist ein Glücksfall: Es könnte Tage dauern, bis jemand merkt, dass ein Messer fehlt, und wer kann mich dann noch verdächtigen?“ Karl ließ das Messer in die tiefe Tasche seiner Winterjacke gleiten. Als Herr Buchloh mit der Dose Farbe zurückkam, bezahlte Karl und ging.

Vor Aufregung über sein gewagtes Abenteuer und auch aus Angst doch entdeckt zu werden, fing Karl an zu rennen, sobald er aus dem Laden war. Als er um die Ecke schoss, stieß er mit seinem Freund Peter zusammen. Beide schlugen der Länge nach hin. Glücklicherweise hatten sie sich nicht verletzt. Kaum war Karl wieder zu Atem gekommen, begann er ganz aufgeregt, mit seiner Tat zu prahlen. Während sich die beiden unterhielten, bemerkte Karl, dass Peter wegen der Sache Bedenken hatte. Das ärgerte ihn.

„Was macht das schon aus, solange man nicht erwischt wird. Mir ist ganz egal, was du dazu sagst.“ Er sah sich voller Bewunderung das Messer an, das er eben aus dem Laden gestohlen hatte. Peter war offensichtlich schockiert von der Geschichte seines Freundes und versuchte ihn zu überreden, das Messer zurückzubringen.

„Überleg doch mal, du kannst immer noch geschnappt werden“, argumentierte Peter, „du hast ja selbst gesagt, du warst der Einzige im Laden und das Messer ist ganz schön viel wert. Man wird bestimmt merken, dass es fehlt. Dann zählt man zwei und zwei zusammen und wird in null Komma nichts hinter dir her sein. Könntest du es nicht einfach zurückbringen und dahin legen, wo du es weggenommen hast?“

„Auf keinen Fall!“, protestierte Karl. „Es gibt keine Beweise, und du bist der Einzige, dem ich es erzählt habe, und weil du mein bester Freund bist, kannst du mich nicht verpfeifen. Also steht ihr Wort gegen meins und ich werde gar nichts zugeben. Man muss manchmal lügen um sich selbst zu retten – so einfach ist das. Vielleicht bist du ja nur neidisch, dass ich so davon gekommen bin.“

Im gleichen Augenblick schlenderte Raphael vorbei. „Na, was gibt’s Neues?“, fragte er gutgelaunt. Die beiden Jungen waren inzwischen schon ziemlich aufgeregt und obwohl Raphael ihr Klassenkamerad war, hatten sie keine Lust ihm zu erzählen, was vorgefallen war. Peter sagte, sie würden sich nur gerade über das Stehlen unterhalten und darüber, ob es in Ordnung sei zu klauen, solange man nicht erwischt werde. Raphael hörte aufmerksam zu, als Karl sagte, es sei in Ordnung, solange man nicht erwischt werde, und Peter dagegenhielt, man solle nicht stehlen, weil man erwischt werden könnte.

Als sich die Gelegenheit bot, schaltete Raphael sich ein: „Aber es ist gegen das Gesetz zu stehlen, egal ob du geschnappt wirst oder nicht. Wir müssen uns an die Gesetze halten, oder etwa nicht?“

„Gesetze werden gemacht um gebrochen zu werden“, schnauzte Karl voller Verachtung, „und wenn du ein Gesetz brechen kannst ohne geschnappt zu werden, wen kümmert es? Die Leute brechen sowieso andauernd die Gesetze, sie fahren zu schnell Auto, fahren schwarz mit dem Bus und klauen – alles, was zählt, ist, ob du dich erwischen läßt.“

„Aber viele werden erwischt und woher willst du wissen, dass du nicht erwischt wirst“, warf Peter ruhig ein.

Jetzt wurde Karl übermütig. „Es ist genauso wie abschreiben bei einer Klassenarbeit. Wenn du schlau bist, stehen deine Chancen sehr gut, dass du nicht erwischt wirst. Wenn du etwas mitgehen lässt, wie z.B. ein Messer, und du bist vorsichtig, hast du gute

Chancen, ungeschoren davonzukommen – bist du es nicht, vergiss es!“

Die Jungen gingen die Straße herunter und debattierten heftig darüber, was für und was gegen das Stehlen sprach. Bald trafen sie Silke und Renan, die gerade auf dem Weg zur Apotheke waren. Sie erzählten den Mädchen schnell, worum es in ihrer Diskussion ging, unterhielten sich aber weiter untereinander. Schließlich fragte Raphael die Mädchen nach ihrer Meinung.

Nachdem sich die Jungen etwas beruhigt hatten, machte Silke zögernd einen Vorschlag: „Auch wenn man eventuell nicht geschnappt würde und selbst, wenn es keine Gesetze gäbe, die Diebstahl verbieten, wäre es trotzdem falsch zu stehlen.“

Die Jungen wollten wissen, wie das denn sein könnte. „Nun“, sagte Silke, „was wäre, wenn jeder einfach so stehlen würde? Man könnte niemandem mehr trauen, nur die Allerstärksten könnten in so einer Welt überleben. Also, wenn du stehlen willst, solltest du sicher sein, dass du der Stärkste bist.“

Die Jungen schwiegen.

Renan fügte hinzu: „Egal, ob man stehlen gut findet oder nicht, sind die Folgen nicht die Gleichen? Übrigens, selbst wenn ich wüsste, dass man mich nicht erwischen würde, und selbst, wenn es kein Gesetz gäbe, das Stehlen verbietet, würde ich niemals stehlen, weil ich finde, dass Stehlen Unrecht ist.“ Dann sagte sie noch:

KR

„Und ich glaube nicht, dass ich einen Dieb als Freund haben wollte.“

Jetzt war Karl verunsichert. Er murmelte eine Ausrede und trennte sich von seinen Freunden, die weiter diskutierten. Als er außer Sichtweite war, rannte er zu Herrn Buchlohs Eisenwarenhandlung. Er dachte an seine Freunde, besonders an Renan, an seine Zuneigung zu ihr und daran, dass sie immer interessiert an seinen Sachen war und dass er sich mit ihr zusammen wohl fühlte. Ihre Freundschaft zu verlieren, wäre eine Katastrophe. Als er den Laden erreicht hatte, sprang er die Treppe zum Eingang hinauf, betrat aber den Laden ganz leise. Wie vorher war niemand im Laden, auch Herr Buchloh nicht. Karl ging zu dem Kasten mit den Jagdmessern. Er griff in seine Jackentasche und fühlte das Messer. Im selben Moment legte jemand eine Hand auf seine Schulter.

„Was hast du da, Karl?“, fragte Herr Buchloh.

„Ich konnte es einfach nicht behalten, Herr Buchloh“, platzte es aus Karl heraus und er übergab dem kräftigen, großen Mann das Messer. „Meine Freunde haben mich überzeugt, dass es Unrecht ist zu stehlen.“

Karl erzählte in allen Einzelheiten, wie er das Messer genommen und danach mit seinen Freunden diskutiert hatte und Herr Buchloh hörte zu. Er erwähnte allerdings nicht seine Gefühle für Renan. Als Karl alles berichtet hatte, ließ er den Kopf sinken, und ohne dass er etwas dagegen tun konnte, stiegen ihm Tränen in die Augen und liefen die Wangen herab. Herr Buchloh suchte lange nach Worten. Als Karl gerade überzeugt war, dass er jetzt die Polizei anrufen würde, sagte Herr Buchloh: „Weißt du, was ich denke?"

„Nein, Herr Buchloh."

„Ich denke, du hast ein paar ziemlich schlaue Freunde."

„Ich weiß."

„Und was meinst du, was jetzt geschehen sollte?"

„Ich weiß nicht, aber ich schätze, ich muss dafür bezahlen, was ich getan habe. Muss ich ins Gefängnis?"

„Ich bin mir nicht sicher, ob du dafür bezahlen könntest, wenn du einfach ins Gefängnis gehen würdest", antwortete Herr Buchloh gelassen. Karl fragte sich, was Herr Buchloh damit bloß meinen könnte, und rechnete in den nächsten Sekunden mit dem Allerschlimmsten.

„Weißt du was? Du kommst die nächsten drei Samstage in meinen Laden und hilfst mir. Wenn du das tust, gehört das Messer dir. Du wirst dann dafür bezahlt haben."

Erleichtert und dankbar nickte Karl mit dem Kopf und nahm den Vorschlag an. Dann verließ er schnell den Laden. Er war ganz aufgeregt, genau wie am Morgen, als er den Laden mit dem Messer in der Tasche verlassen hatte. Aber jetzt war das Gefühl irgendwie anders. Er wusste, dass er über viele Dinge nachdenken musste.

Linda und Klara

Ron Reed

Linda ist groß, sehr groß. Heute stieß sie mit ihrem Kopf gegen die Markise von Oskars Feinkostladen. Das war das erste Mal, dass ihr das passierte. Sie lief in den Laden in der Hoffnung, Oskar hätte die Markise tiefer gehängt. Aber leider hing sie genauso hoch wie seit Jahren. Linda schloss daraus, dass sie – obwohl sie groß, sehr groß ist – immer noch wächst.

Sie verließ den Laden mit hängenden Schultern und bemühte sich, möglichst klein auszusehen. Es funktionierte nicht. Sie sah wie ein großer Mensch mit hängenden Schultern aus, der versuchte klein auszusehen. Sie bog um die Ecke und lief ihrer besten Freundin Klara in die Arme.

Klara war total fertig. Ihre Augen waren verquollen, die Nase rot.

Es gibt ja Menschen, die weinen sehr leicht. Linda ist zum Beispiel so eine Person. Linda weint bei traurigen Filmen und bei einer traurigen Fernsehshow.

StirLing
KR

Manchmal heult sie sogar bei der Werbung. Aber Klara ist ganz anders, obwohl sie Lindas beste Freundin ist. Klara weint nie. Das heißt, fast nie.

Linda sah zu ihrer Freundin hinunter. Klara sah zu Linda herauf. Dann tat Klara etwas, womit sie Linda total überraschte. Sie trat Linda vor das Schienbein.

★ ★ ★

Linda humpelte durch die Stirling Straße. Ihr Bein tat weh, aber noch mehr ihre Gefühle. Sie war groß, sehr groß. Bald, so fürchtete sie, würde sie zu groß sein. Und zu allem Überfluss hatte sie niemanden, dem sie sich anvertrauen konnte. Außer natürlich Klara. Aber Linda wollte nicht auf Klara zählen. Man kann schließlich nicht auf jemanden zählen, der einem gerade vor das Schienbein getreten hat.

Sie betrachtete ihr Spiegelbild in der Boutique „Mode für die kleine Dame". Sie machte einen Katzenbuckel. Sie konnte den oberen Teil ihres Kopfes nicht sehen. Ihr Spiegelbild war größer als der Rahmen des Schaufensters. Die Welt wurde allmählich zu klein für ihr Spiegelbild. Und für sie.

Sie stieg die Stufen zu ihrer Wohnung hinauf. Sie konnte sich noch genau daran erinnern, wie sie jede Treppenstufe mühsam heraufgeklettert war. Sie musste ihre Beine so hoch wie möglich heben um von einer

Stufe zur nächsten zu gelangen. Jetzt hatte sie diese Probleme nicht mehr. Sie nahm zwei Stufen auf einmal. Dann drei Stufen. Als sie vier Stufen auf einmal nahm, fing sie an zu weinen.

Sie öffnete die Haustür. Ihre Mutter und ihr Vater saßen in der Küche bei einem Kaffee und unterhielten sich. Sie sah sie an und brüllte: „Ihr habt immer gesagt, alles würde gut. Das macht mich wahnsinnig. Total wahnsinnig!" Dann rannte sie in ihr Zimmer und knallte die Tür hinter sich zu.

★ ★ ★

Am nächsten Tag sah Linda Klara zur Schule gehen. Linda überlegte, ob sie sich in der Kirche an der Ecke verstecken sollte. Ihr Bein tat immer noch weh.

Klara sah ihre Freundin und lief sofort auf sie zu. Sie entschuldigte sich. „Es tut mir so leid, Linda. Alle haben sich über mich lustig gemacht, weil ich so klein bin. Und dann sah ich dich und du hast so wunderschön ausgesehen. So groß, so schön groß. Da brannte bei mir eine Sicherung durch und ich habe dich getreten. Es tut mir so leid."

Linda konnte ihrer Freundin nicht glauben. Das heißt, sie glaubte natürlich, dass es ihr leid täte. Sie konnte ihr aber nicht glauben, dass sie meinte, Linda sei wunderschön. Sie war doch bloß riesengroß.

Linda sagte: „Aber du bist diejenige, die wunderschön ist." Klara war hübsch und zierlich. Klara konnte Linda auch nicht glauben, aber sie war froh, dass sie noch Freundinnen waren.

★ ★ ★

Klara und Linda gehen die Stirling Straße entlang. Linda geht außen, in der Nähe des Bordsteins, und bemüht sich, so klein wie möglich auszusehen. Klara geht innen und hält sich ganz gerade. Trotzdem sind sie froh, zusammen zu gehen.

Das logische Bleichgesicht

Gilbert Talbot

Es war an einem Sonntagmorgen vor zwei Jahren. Ich kann mich noch so genau daran erinnern, weil ich damals sechs Jahre alt war und jetzt acht Jahre bin. Gewaltige dunkle Wolken trieben am Himmel. Ich wollte mit meinen Freunden im Haus spielen, aber mein Vater hatte eine andere Idee.

„Komm, Marie-Neige", sagte er, „wir machen eine kleine Spritztour!"

„Wo fahren wir hin, Papi?"

„Wir fahren nach Alma zu einer großen Demonstration."

Ich wusste nicht, was eine Demonstration ist, und deshalb wollte ich nicht mit.

„Nein", sagte ich, „ich möchte hier bleiben und mit meinen Freunden spielen."

„Aber in Alma wirst du ganz viele neue Freunde zum Spielen finden. Wir werden singen und zusammen tanzen und alle möglichen Spiele spielen."

Ich hatte keine besondere Lust darauf, im Regen zu singen und zu tanzen, aber eine Spritztour mit dem Auto wollte ich gerne machen. Wenn ich nur ...

„Kann ich vielleicht eine Freundin mitnehmen?“, fragte ich.

„Natürlich. Warum nicht? Aber frag zuerst ihre Eltern um Erlaubnis.“

Ich rief Lola an. Sie ist meine Freundin. Aber Lolas Eltern wollten nicht, dass sie mitkommt, und deshalb musste ich alleine gehen. Ich nahm dann wenigstens Aggie mit, mein großes Lamm, und drückte es während der Autofahrt fest an mich. Der Regen prasselte gleichmäßig auf das Autodach und ich schlief auf dem Rücksitz ein. Als ich aufwachte, waren wir an einem Ort, an dem ich noch nie zuvor gewesen war.

„Wo sind wir, Papi?“, fragte ich schlaftrunken.

„Wir sind in Alma, schlafende Prinzessin“, sagte er sanft.

Es hatte aufgehört zu regnen, wir stiegen aus dem Auto und gingen Hand in Hand zu einer Reihe von Tischen, wo einige Leute warteten.

„Können wir uns hier anmelden?“, fragte mein Vater einen netten Mann, der hinter dem Tisch stand.

„Sie können sich an jedem Tisch anmelden“, antwortete der Mann, „Sie müssen sich nur einen Buchstaben aussuchen und dann mit den Leuten da drüben mitgehen. Sie werden Ihnen alles erklären.“

Heute wüsste ich, welchen Buchstaben ich nehmen würde – ein ‚U‘ – aber damals wusste ich kaum, welche Buchstaben es gibt. Hast du alle Buchstaben des Alphabets gekannt, als du sechs warst? Sogar mein Vater musste nach einem Buchstaben fragen. Kannst du dir das vorstellen?

„Können wir bei Ihrem Buchstaben mitmachen?“, fragte er eine Dame an einem der anderen Tische.

„Tut mir Leid“, erwiderte sie, „wir sind voll. Aber ich glaube, im dritten ‚A‘ ist noch ein wenig Platz. Sie sollten sich aber beeilen. Es geht gleich los.“

Ich wusste überhaupt nicht, was das alles sollte.

„Warum das dritte ‚A‘, Papi?“

„Weil es drei ‚A‘s in dem Wort A-shu-A-pmushu-A-n gibt.“

„Was ist ein *Mouchouane?“*

„Der Ashuapmushuan*, Marie-Neige, ist ein gewaltiger Fluss, auf dem dein Vater und dein Großvater einmal mit dem Kanu fahren wollten!“

„Warum müssen wir in ein ‚A‘?“

„Siehst du die ganzen Menschen da drüben?

---

*) Anm. d. Red.: Der Ashuapmushuan ist ein Fluss in der kanadischen Provinz Quebec. Er mündet in den St.-Jean-See (Lac St.-Jean), an dessen östlichem Abfluss die hier erwähnte Stadt Alma liegt. Der Fluss verläuft ca. 350 km nördlich von Montreal.

Wir werden mit ihnen in ganz, ganz großen Buchstaben das Wort

A-S-H-U-A-P-M-U-S-H-U-A-N

schreiben, so dass man es aus der Luft lesen kann."

„Aber ich kann gar nicht schreiben", wandte ich ein, „ich möchte nicht dahin gehen."

„Du musst gar nicht wissen, wie man schreibt, Marie-Neige. Du wirst mit vielen anderen Menschen in einem Buchstaben sein und alle werden singen und tanzen. Wir werden sehr viel Spaß haben. Du wirst sehen."

Es fing wieder an zu regnen. Ein Lautsprecher verkündete: „Seien Sie ganz beruhigt. Der Regen wird gleich aufhören und dann kann der Helikopter starten."

Papa hatte einige dieser scheußlichen blauen Müllsäcke mitgebracht. Er machte ein Loch unten in der Mitte für den Kopf und zwei an der Seite für die Arme. „Siehst du", sagte er mit einem breiten Grinsen, „ein nagelneuer Regenmantel für Marie-Neige."

Er bastelte mir auch eine Regenmütze. Ich mochte weder den Mantel noch die Mütze. Ich sah darin aus wie ein Clown! Würde es dir gefallen in Müllsäcken herumzulaufen? Ich bin doch kein Müll!

Während wir warteten, bis der Regen aufhörte, probten die Menschen Sprünge, Tänze und die Welle, die man später aus der Luft sehen sollte.

„Komm, Marie-Neige. Mach mit. Das macht Spaß!“

„Ich will nach Hause. Mir ist kalt. Ich habe Hunger.“

Ich begann zu heulen, aber der Lautsprecher unterbrach mich und kündigte an, dass der Helikopter endlich gestartet sei. Wir mussten jetzt unseren Gruppenleitern folgen: Sie gingen erst, dann rannten sie barfuß durch das nasse Gras, riefen und sangen aus voller Kehle, damit das Filmteam im Helikopter uns hören und sehen konnte. Ich wurde mithinaufgezogen und herunter gedrückt, als die Menschen die Welle machten. Es war kein bisschen lustig! Alle versuchten mich aufzuheitern, aber nichts half. Ich war gerade dabei unseren Buchstaben zu verlassen, als die Leute riefen: *„Rettet den Ashuapmushuan! Rettet unseren Fluss!“*

Das fand ich komisch. Deshalb ging ich wieder zurück zu meinem Vater und fragte ihn: „Warum müssen wir den Fluss retten, Papi?“

„Weil die Leute vom Wasserkraftwerk einige Dämme bauen wollen, die das ökologische Gleichgewicht in dieser Flussregion zerstören würden, Marie-Neige.“

„Machst du Witze?“, lachte ich. „Wer ist das logische Bleichgesicht?“

„Nicht das logische Bleichgesicht, Dummerchen! Das ökologische Gleichgewicht.“

Dann gab er mir eine ausführliche Erklärung, die ich überhaupt nicht verstand. Schließlich sagte er, dass das ökologische Gleichgewicht wie ein Puzzle sei. Nun war ich völlig durcheinander. Kennst du das Gefühl, wenn du etwas nicht verstehst: Je mehr Leute dir etwas erklären wollen, desto mehr kommst du durcheinander? Deshalb begann ich wieder zu weinen. Mein Vater sah zum Himmel, verdrehte die Augen und streckte seine Hände so nach oben, als wollte er in die Wolken greifen.

Ein indianisches Mädchen, das auch in unserem Buchstaben war, kam zu mir und sagte: „Ich habe deinen Namen gehört: Der zweite Teil, ‚Neige‘, bedeutet ‚Schnee‘. Und mein Name ist Yih Sheue, weißt du. Das bedeutet ‚sanfte Schneeflocke‘. Ist das nicht komisch? Wir sind aus ganz unterschiedlichen Orten hierher gekommen, um diesen Fluss zu retten."

Sie schien so nett zu sein. Aber war sie es wirklich? Woher sollte ich das wissen? Ich entschloss mich, sie zu fragen, warum wir diesen Fluss retten müssen.

„Es geht nicht nur um den Fluss", antwortete sie. „Wenn sie den Ashuapmushuan stauen, wird auch der Lebensraum aller Tiere entlang des Flusses überflutet."

„Oh, ich verstehe! Natürlich möchte ich nicht, dass das passiert. Warum hast du mir das nicht schon früher gesagt, Papi?"

„Nicht nur die Tiere würden ihr Zuhause verlieren", sagte mein Vater. Alle Pflanzen und Bäume am Fluss würden überflutet, wenn für das Wasserkraftwerk die

Dämme gebaut werden. Da Bäume, Pflanzen und Tiere aber nicht protestieren können, müssen wir das für sie tun.“

Nach einigem Nachdenken wandte ich ein: „Aber was ist mit euch Schneeflocken, euer Volk tötet doch auch Tiere, oder? Im Fernsehen habe ich Indianer gesehen, die haben einen Büffel gejagt und getötet.“

„Du darfst nicht immer alles glauben, was du im Fernsehen siehst“, antwortete sie. Aber nach einigem Zögern fügte sie hinzu: „Du hast aber trotzdem Recht, Marie-Neige. Wir töten Tiere um sie zu essen und Kleider herzustellen, aber wir rotten keine Tierart aus wie die Weißen. Mein Volk, die Montagnais, lebt am Ashuapmushuan und möchte sein Land und alle Pflanzen und Tiere, die dort leben, beschützen.“

Wir schwiegen einen Moment. Ich versuchte zu begreifen, was Yih Sheue gerade gesagt hatte. Ich fand es nicht gut, daß ihr Volk Tiere tötete, aber da sie das Zuhause der Tiere beschützen wollte und da die Tiere auch meine Freunde waren, entschied ich, dass auch sie meine Freundin sein konnte. Deshalb entschloss ich mich, mit ihr und meinem Vater zu singen und zu tanzen.

„Rettet den Mouchouane!“ rief ich. „Rettet das Zuhause der Tiere!“

★ ★ ★

Nach der Demonstration gingen wir alle in ein Stadion, wo einige Filme gezeigt wurden. Der Lautsprecher verkündete, dass das Video, das der Helikopter aufgenommen hatte, im Fernsehen laufen würde. Ich war ganz aufgeregt. „Ist das wirklich wahr, Papa? Werden wir im Fernsehen sein?“

„Ja, Marie-Neige, wir werden heute Abend in den Nachrichten kommen!“

Normalerweise hasse ich die Nachrichten. Papi will sie immer sehen und deshalb verpasse ich meine Lieblingssendung. Aber wenn wir dabei sein werden, ist es natürlich etwas anderes!

„Die Nachrichten sind vielleicht doch nicht so doof“, lenkte ich ein.

„Pssst“, sagte jemand hinter uns. „Es geht los.“

Sie zeigten einen Film über den Ashuapmushuan. Wir flogen über einen reißenden Fluss, als wären wir Vögel. Der Fluss lief hoch oben in den Bergen zusammen, brauste über große Stromschnellen, stürzte Wasserfälle hinab und floss durch dunkle Wälder. Andere Flüsse mündeten in ihn. Sie erzählten von Hechten und Lachsen, die in seinem Wasser lebten. Wir sahen Bären, die am Ufer fischten, Biber, die Dämme bauten, Elche, die ein Bad nahmen und alle möglichen Vögel, die darüber flogen.

Ich war so beeindruckt, dass ich meine Augen gar nicht von der Leinwand nehmen konnte. Ich konnte mir einfach nicht vorstellen, warum jemand einen so wunderschönen Ort zerstören wollte.

Als der Film vorbei war, fragte ich meinen Vater: „Warum möchte das Wasserschlacht-Werk diesen Fluss zerstören, Papi?“

„Weil die Leute vom Wasserkraftwerk mehr Macht wollen“, antwortete er. „Aber wenn sich ganz viele Menschen dagegen auflehnen, müssen sie das Projekt fallen lassen.“

Ich wollte mehr darüber wissen, aber ein Mann, der hinter uns saß, brüllte meinen Vater an: „Sie tun ja gerade so, als wäre das Wasserkraftwerk ein Monster, das alles zerstören möchte.“ Dann nahm mich der Mann bei der Schulter und sagte: „Jemand muss dir einmal die Wahrheit sagen, junge Dame. Ich arbeite im Wasserkraftwerk, und ich versichere dir, dass wir uns um die Tiere kümmern werden, bevor wir den Damm bauen."

Ich konnte nichts sagen. Ich hatte Angst.

„Weißt du, was Elektrizität ist?" fuhr er fort.

„Na klar weiß ich, was Elektrizität ist", dachte ich. „Elektrizität ist das, was man in seiner Lampe hat, wenn man sie anmacht", sagte ich ihm.

„Genau", erwiderte er. „Und sie lässt die Waschmaschine laufen und den Fernseher und alle anderen elektrischen Geräte bei dir zu Hause. Und deshalb brauchen wir immer mehr Elektrizität, damit unser Zuhause noch schöner wird und damit alle besser leben können. Deshalb müssen wir neue Dämme bauen. Sonst müssten wir Nuklearenergie verwenden oder weiter Kohle benutzen um Strom zu erzeugen. Vielleicht weißt du es nicht, aber beim Verbrennen von Kohle unterstützt man den Treibhaus-Effekt. Hat dir dein Vater schon einmal davon erzählt?"

„Mein Vater hat mir noch nie etwas von Treibhäusern erzählt", antwortete ich, „aber mein Onkel, der ist Bauer, und der hat eins. Es ist ein Haus mit Plastikwänden, wo Gemüse und Blumen wachsen."

Papa fing an zu lachen. Der Mann fand das alles gar nicht so komisch und sagte ganz ernst: „Ganz genau, kleines Mädchen. Aber wenn wir immer weiter Kohle verbrennen um Strom zu erzeugen, dann wird bald der ganze Planet wie ein Treibhaus sein.

KR

Hast du schon einmal bemerkt, wie heiß es im Treibhaus deines Onkels ist?“

„Ja, ich erinnere mich daran. Es ist ganz warm und feucht, sogar wenn es draußen schneit. Ich würde gerne in einem Treibhaus leben.“

„Aber wenn wir in einem Treibhaus leben würden, mein Kind, dann würden der ganze Schnee und das Eis schmelzen, der Nordpol würde sich in Wasser verwandeln und die ganze Welt würde überflutet, nicht bloß die Tiere in diesem Tal.“

Das hat mir allerdings wirklich Angst gemacht. „Papi, ist das wahr? Werden wir alle überflutet? Ich werde nicht ertrinken, oder? Ich kann ja schwimmen.“

Bevor mein Vater etwas sagen konnte, funkte der Mann dazwischen: „Vielleicht wirst du nicht ertrinken, aber dein Zuhause wird überflutet und alle Häuser deiner Freunde und vielleicht sogar deine Freunde selbst. Wer weiß schon, was passieren wird? Deshalb überschwemmen wir lieber das Zuhause einiger Tiere um unsere eigenen Häuser zu retten.“

„Aber Sie haben doch gesagt, Sie werden sich um die Tiere kümmern, bevor Sie den Damm bauen!“

„Um einige, natürlich! Wir werden sie in den Zoo bringen, wo sie ein nagelneues Zuhause bekommen. Und weißt du was, wir vom Wasserkraftwerk werden alle Unkosten tragen!“

Ich wollte gerne mehr über den Zoo wissen,

aber der Lautsprecher unterbrach uns. „Meine Damen und Herren, ich freue mich, Ihnen mitteilen zu können, dass mehr als eintausendfünfhundert Menschen an der Demonstration teilgenommen haben. Sie können sie nun selbst auf der Leinwand zählen.“

Ich konnte sie nicht zählen. Ich wußte damals noch nicht, wie man zählt, aber es waren sowieso viel zu viele. Und außerdem war das Bild manchmal falsch herum oder man konnte nur Wolken sehen oder man sah gar nichts. Mir wurde allmählich schwindlig wie in der Achterbahn.

„Papi“, wollte ich wissen, „warum können wir, wenn wir weit weg sind, die Dinge nicht mehr sehen?“

„Weil wir nahe an den Dingen sein müssen um sie richtig zu sehen“, antwortete er und schob seine Brille auf die Nasenspitze.

„Ja, aber wenn wir zu nah an den Dingen sind, können wir sie auch nicht richtig sehen.“

„Das stimmt, meine Süße, wir müssen genau den richtigen Abstand haben.“

Plötzlich sprang er vor Aufregung auf. „Sieh nur, Marie-Neige! Das sind wir! Auf der Leinwand!“

„Aber ich kann mich nicht sehen“, rief ich.

„Natürlich nicht, weil du zu klein bist.“

„Aber warum können wir die Buchstaben erkennen und nicht die Menschen?“

„Na, weil die Buchstaben viel größer sind,

Dummkopf! Wir sind wie kleine Puzzleteile, die alle zusammen einen Buchstaben ergeben. Und alle Buchstaben zusammen ergeben das Wort

A S H U A P M U S H U A N ."

Da war es schon wieder, das Puzzle. „Sind die Buchstaben dann wie das logische Bleichgesicht?", erkundigte ich mich.

„Du hast Recht", sagte mein Vater. „So habe ich es noch nie gesehen. In gewisser Weise könnte man sagen, wir haben ein ökologisches Gleichgewicht aus Buchstaben gebildet."

Genau in diesem Moment fiel mir eine Frage wieder ein, die ich schon lange im Kopf hatte. „Papi?"

„Ja, Marie-Neige?"

„Warum bilden Buchstaben Wörter?" Ich wusste, dass es eine schwierige Frage war, weil mein Vater eine ganze Weile nachdachte, bevor er mir eine Antwort gab. Und als er dann endlich antwortete, sprach er wie mein Lehrer.

„Weißt du, Marie-Neige, das ist so: Buchstaben allein können keine Wörter bilden. Sie sind traurig, weil sie keine Freunde haben, mit denen sie reden können. Aber wenn sie Wörter bilden, sind sie glücklich, weil sie zusammen sind."

Meinen Vater schien diese Antwort zufrieden zu stellen, aber ich war noch nicht zufrieden, denn das, was er gesagt hatte, brachte mich auf eine andere Frage, über die ich oft nachgedacht hatte. Kennst du das auch? Eine Frage führt zur nächsten und man weiß gar nicht, wohin das am Ende führen wird.

„Papi?“

„Ja, Marie-Neige?“

„Wenn du mir eine Geschichte vorliest, sind da ganz viele Wörter. Sind die Geschichten auch logische Bleichgesichter?“

„Ja, ich glaube schon, daß Geschichten auch ein ökologisches Gleichgewicht bilden“, erwiderte er. „Einige von ihnen handeln sogar vom ökologischen Gleichgewicht“, fügte er lachend hinzu.

Na, das war aber wirklich interessant. Jetzt wusste ich, was ich ihn von Anfang an hatte fragen wollen. „O.K., Vati“, sagte ich (so nenne ich ihn nur, wenn es ganz wichtig wird), „wirst du mir heute Abend eine Geschichte über das logische Bleichgesicht vorlesen?“

„Oh nein, Marie-Neige. Ich muss heute Abend das Haus aufräumen. Es sieht dort aus, als wäre eine Bombe eingeschlagen! Vor allem in deinem Zimmer, du kleine Hexe!“

Dazu habe ich nichts gesagt. Ich habe einfach geschwiegen.

Schließlich sagte er: „O.K., Marie-Neige, ich werde dir die Geschichte vorlesen, aber ich muss sie erst schreiben. Zuerst muss ich die Geschichte schreiben und dann, das verspreche ich dir hoch und heilig, lese ich sie dir vor.“

Oh, wie ich meinen Vater liebe! Ich kenne ihn so gut. Das ist immer so bei ihm. Zuerst sagt er nein. Dann wird er ruhig. Und dann sagt er ja. Immer! Machen das alle Eltern so?

Als wir wieder zu Hause waren, setzte er sich vor seinen Computer und schrieb den Rest des Tages an unserer Geschichte. Und am selben Abend las er sie mir vor, als ich ins Bett ging. Ich habe ganz genau zugehört und ihn korrigiert, wenn etwas nicht richtig war. Beim vierten Vorlesen schlief ich schließlich ein und träumte vom logischen Bleichgesicht, das glücklich am Ufer des Mouchouane lebte.

★ ★ ★

Ich kann mich noch sehr gut an diese Geschichte erinnern. Aber ich habe Angst, dass ich sie vergesse, wenn ich größer werde. Deshalb wollte ich sie mit dir teilen. Hat sie dir gefallen?

Gabriels Geschichte

ANN MARGARET SHARP

Endlich komme ich dazu meine Geschichte aufzuschreiben. Zu Beginn dieses Schuljahres hatte ich ein Problem, ein richtiges Problem. Wir mussten in Deutsch Geschichten schreiben. Ich hatte keine Ahnung, wie man eine Geschichte schreibt. Ich war darin eine absolute Niete.

Weißt du, wie das ist, wenn man in der Schule versagt? Weißt du, wie man sich da fühlt? Ich bin jemand, der gerne Erfolg hat, und wenn ich keinen Erfolg habe, mache ich mir richtig Sorgen.

Als das Schuljahr begann, hatte es mir viel Spaß gemacht die Geschichten in unserem Lesebuch zu lesen. Aber dann sagte unsere Lehrerin, Frau Lorenzi: „Wenn ihr in diesem Jahr versetzt werden wollt, solltet ihr euch mit dem Gedanken anfreunden viele Geschichten zu schreiben.“

Als ich das hörte, rutschte mir das Herz in die Hose. Ich fühlte mich elend. Ich wußte, ich würde es niemals schaffen selbst eine Geschichte zu schreiben.

Je mehr Geschichten ich las, desto sicherer wurde ich: Nie, nie, nie.

In der vierten Stunde kündigte Frau Lorenzi dann an, daß wir alle zwei Wochen zusätzlich zu unseren Hausaufgaben eine Geschichte abgeben sollten. Beim ersten Mal schrieb ich einen Absatz über meinen Hund Tobi. Ich schrieb, dass er groß und freundlich sei, dass er sehr viel in sehr kurzer Zeit esse und dass ich noch nie einen Hund so schnell essen gesehen habe. Das war alles.

Als mir Frau Lorenzi die Geschichte zurückgab, war ich wie vor den Kopf gestoßen. Ich hatte nicht bestanden. Oben auf der Seite stand in großen roten Buchstaben: „Gabriel, das ist keine Geschichte. Die Arbeit ist mangelhaft.“

Als ich diese Worte las, stand ich auf und verließ das Klassenzimmer wie ein Schlafwandler. Glücklicherweise hatte es gerade zur Pause geläutet. Ich hatte es noch nicht einmal gehört. Ich hörte auch Heidi nicht, die zu mir kam und sich bei mir einhakte. „Was ist los, Gabriel?“

„Heidi“, antwortete ich, „ich werde das niemals schaffen. Ich weiß noch nicht einmal, was eine Geschichte zu einer Geschichte macht. Ich werde sitzen bleiben, so viel ist sicher.“ Heidi ist meine beste Freundin und ich wusste, sie würde meine Verzweiflung verstehen. Sie weiß, dass ich gerne gute Noten habe. Manchmal zieht sie mich deswegen auf und sagt: „Gabriel, sei nicht so überzeugt von dir.“

Aber jetzt schien sie sehr besorgt. „Du wirst nicht sitzen bleiben. So etwas darfst du noch nicht einmal denken, Gabriel. Das wäre furchtbar, absolut furchtbar, wenn du nicht mit uns versetzt würdest.“ Die Vorstellung, nächstes Jahr nicht mit meinen Freunden in eine Klasse zu gehen, war so schrecklich, dass mir jedesmal hundeelend wurde, wenn mir der Gedanke kam. Ich versuchte die ganze Zeit, nicht über meine Situation nachzudenken. Aber ich wusste ganz genau, dass ich in Deutsch bestehen musste um mit meinen Freunden in eine Klasse gehen zu dürfen.

Manchmal war ich kurz davor Frau Lorenzi anzusprechen: „Hören Sie, ich weiß nicht, was eine Geschichte ist, aber selbst wenn ich es wüsste, könnte ich keine schreiben. Ich kann einen Aufsatz schreiben, ich kann Grammatik-Übungen lösen und ich kann gute Briefe schreiben. Ich kann sogar Gedichte schreiben. Aber ich kann einfach keine Geschichten schreiben.“

Ich habe Frau Lorenzi nie etwas von diesen Gedanken gesagt. Vielleicht hatte ich Angst oder ich habe mich geschämt. Vielleicht dachte ich, sie würde das alles nur für dumme Ausreden halten. Statt etwas zu sagen, gab ich weiter schlechte Geschichten oder Geschichten-Versuche ab und fühlte mich selbst dabei gleichzeitig immer schlechter.

Und da wir gerade von geringer Selbstachtung reden: Ich hatte keinen Appetit mehr. An den meisten Nachmittagen hatte ich keine Lust Ball zu spielen, schwimmen zu gehen oder Fahrrad zu fahren. Ich wollte noch nicht einmal mehr mit Heidi telefonieren. Wenn ich vor dem Fernseher saß, konnte ich mich nicht auf die einfachsten Handlungen konzentrieren. Es war, als wäre ich innerlich tot. Stundenlang saß ich nur da und blies Trübsal. Irgendwann sagte meine Mutter: „Gabriel, was hältst du davon einige Tage nicht in die Schule zu gehen und zu deiner Großmutter zu fahren? Vielleicht ist das genau die Veränderung, die du jetzt brauchst."

Meine Großmutter lebte ungefähr zwei Autostunden entfernt. Sie war für mich immer so etwas wie eine gute Freundin. Sie schien immer das Beste für mich zu wollen und dachte immer, dass ich alles könne, wenn ich es nur wirklich wolle. Jetzt wünschte ich mir, ich könnte davon genauso überzeugt sein wie sie. Fast jedes Jahr lud sie mich kurz vor den Ferien für ein paar Tage zu sich ein. Ich freute mich immer auf diese Besuche. Im Sommer würden wir spazieren gehen, uns unterhalten, Blumen pflücken und pressen und köstliche Kuchen und Plätzchen in ihrem Ofen backen. Im Winter brannte gewöhnlich ein Feuer im Kamin, und der Duft von Zimt und anderen Gewürzen erfüllte das Haus. Ihr Zuhause war etwas ganz Besonderes.

Meine Großmutter liebte Tiere. Sie hatte einen großen Hund namens Burgo und zwei Katzen, Mieke und Clio, die den ganzen Tag mit dem Hund spielten und Vögel jagten. Vor vier Fenstern hingen riesige Vogelhäuser, und meine Oma erzählte gerne von den vielen Vögeln, die in ihren Garten zum Fressen kamen. Einige pickten nach den Sonnenblumenkernen, andere mochten lieber das Futtergemisch, das sie selbst in ihrer Garage herstellte. Ich habe nie jemanden kennen gelernt, der sich so gut mit Vögeln auskannte wie meine Großmutter.

„Wie läuft es in der Schule, Gabriel?“

„Nicht gerade gut, Oma“, antwortete ich. „Wir müssen Geschichten schreiben und ich weiß einfach nicht, was einen Text zu einer Geschichte macht. Alles, was ich bisher abgegeben habe, war mangelhaft. Ich bin gerade dabei jede Hoffnung aufzugeben.“

„Das solltest du nicht tun, Gabriel. Du weißt, dass ich fest an dich glaube. Dein Großvater hat immer gesagt, dass es viele Möglichkeiten gibt einen Garten zu bepflanzen. Ich bin mir sicher, du wirst eine finden. Ich kann mich noch entsinnen, als ich in der Schule war, hatte ich in Geschichte Probleme. Wir hatten ein dickes Geschichtsbuch und ich habe einfach nicht verstanden, was darin stand. Ich bin durch eine Arbeit nach der nächsten gefallen. Mein Lehrer wusste vielleicht viel über Geschichte, aber vom Unterrichten hatte er gar keine Ahnung. Er sprach sehr schnell und wir sollten uns Notizen machen. Ich konnte nie das Zuhören, Schreiben und Verstehen unter einen Hut kriegen."

„Und was hast du gemacht?"

„Meine Mutter machte den Vorschlag, ich solle in die Bibliothek gehen und den Bibliothekar fragen, ob er irgendwelche Bücher über die Epoche habe, die wir gerade durchnahmen. Dort waren ganz viele Bücher, die ich verstehen konnte. Sie waren von Menschen geschrieben, die Geschichte wie eine Abenteuergeschichte erzählten. Ich habe mich dabei ertappt, wie ich diese Bücher zu meinem Vergnügen vor dem Einschlafen gelesen habe. Ich muss innerhalb eines Jahres ein gutes Dutzend davon verschlungen haben."

„Und hat es etwas gebracht?"

„Ich habe nicht nur bestanden, ich habe sogar eine sehr gute Note bekommen. Diese Note bedeutete mir

KR

mehr als alle anderen Noten in diesem Jahr. Es war, als hätte ich etwas sehr Wichtiges über die Schule und zugleich über mich selbst gelernt."

„Du hast also nicht aufgegeben", sagte ich langsam und sah zum Fenster hinaus, wo sich drei kleine Rotkehlchen am Vogelhaus tummelten.

„Nein, ich habe nicht aufgegeben. Ich habe eine andere Möglichkeit gefunden, das zu tun, was man von mir verlangt hat. Ich bin mir sicher, dass wir mit ein bisschen Nachdenken auch für dich einen Weg finden werden, wie du lernen kannst eine Geschichte zu schreiben."

„Hoffentlich, Oma. Das Erste, was wir herausbekommen müssen, ist, was einen geschriebenen Text zu einer Geschichte macht", sagte ich düster. „Es muss doch irgendwelche Regeln geben."

„Ich habe keine Ahnung von den Regeln, Gabriel", sagte Oma leise. „Vielleicht suchen wir nach Kriterien", murmelte sie dann vor sich hin, als spräche sie zu sich selbst. „Aber mach dir keine Sorgen. Wir kriegen das schon hin. Und jetzt gehen wir erst einmal in die Küche und essen Heidelbeer-Waffeln und trinken heißen Kakao."

Als ich an ihrem Küchentisch saß, fühlte ich mich schon viel besser. Ich war so gerne mit ihr zusammen. Meine Oma hatte eine bestimmte Art mir wieder Selbstvertrauen zu geben, wenn etwas nicht so lief. Ich sah mich um und dachte bei mir: „Das ist ein wundervolles Zimmer.“ Die dunklen Fenster umrahmten die Felder draußen und hüllten den Raum zugleich in ein sanftes Licht. Es sah so aus, als ob der große Holztisch und die Schränke von innen heraus glühen würden. Sie stellten für mich einen Bereich dar, in dem ich mich endlich sicher fühlen konnte. Mieke und Clio strichen eine Weile um meine Beine und ließen sich schließlich zum Dösen unter dem Küchentisch nieder.

Nachdem ich drei Heidelbeer-Waffeln und zwei Tassen heiße Schokolade verdrückt hatte, sagte ich: „Oma, ich möchte nicht nur eine Geschichte schreiben, mit der ich bestehe. Ich möchte in der Lage sein eine gute Geschichte zu schreiben.“

„Das ist eine kluge Unterscheidung, Gabriel“, sagte Oma, setzte sich an meine Seite und strich immer wieder ihre Schürze glatt. „Vielleicht hat es etwas mit Charakter zu tun.“

Als Oma das sagte, dachte ich schon, sie redet wirr. Was hatte eine gute Geschichte mit Charakter zu tun? Ich spürte, wie ich ärgerlich wurde und dachte: „‚Charakter‘, das ist eines dieser komischen Worte, die Erwachsene ständig benutzen, aber nie genau wissen, was sie bedeuten.“

„Oma, was redest du da? Es interessiert mich nicht, wodurch ein Mensch gut wird. Ich möchte eine gute Arbeit schreiben. Ich weiß noch nicht einmal, was du mit dem Wort ‚Charakter' eigentlich meinst." Meine Güte, meine Stimme war so wütend. Ich war selbst ganz schockiert.

Großmutter sah mich konzentriert an. „Nun, Gabriel, über den Charakter sollte man sich meiner Ansicht nach Gedanken machen, wenn man eine geschriebene Arbeit – eigentlich eine Person – beurteilt, aber es fällt mir sehr schwer, das zu erklären."

„Das ist keine große Hilfe, Oma. Sprich bitte nicht in Andeutungen, das kann ich im Moment wirklich nicht vertragen."

Oma stand auf, ging in der Küche umher und setzte sich dann wieder an den Küchentisch. Sie dachte sehr lange nach, spielte mit einer grauen Haarsträhne und sah durch die offene Tür ins Wohnzimmer. Plötzlich fiel mir auf, dass ihr Gesicht, obwohl sie ziemlich viele Falten hatte, immer noch ganz weich und klar war. Endlich sagte sie langsam: „Ich wünschte, ich könnte deutlicher sein. Ich habe die Befürchtung, dass alles, was ich sage, problematisch ist. Ich fand es nie einfach über solche Dinge zu reden."

Als sie das sagte, fühlte ich mich schuldig. „Warum war ich so wütend?", fragte ich mich. Sie versuchte, mir zu helfen. Ich bin manchmal so gemein.

„Gabriel, wenn ich das Wort ‚Charakter' verwende, meine ich damit eine bestimmte Verhaltensweise, das Bemühen um Ganzheit und das Streben nach

Vollständigkeit, was unser Handeln betrifft. Eine Arbeit hat Charakter, wenn alle Teile zusammenpassen und dabei eine bestimmte Einheitlichkeit oder Harmonie entsteht. Bei einer Geschichte geht es nicht darum, wie viele Wörter man verwendet, sondern welcher Art die Erfahrung ist, die wir mitteilen wollen, und wie wir die Wörter, die dieses Erlebnis schildern, miteinander verbinden."

Als ich Omas Worte hörte, fühlte ich, wie sich ein großes Loch in meinem Magen ausbreitete. Ich wusste einfach nicht, wovon sie sprach. Sie musste gespürt haben, wie ich mich fühlte, weil sie eine Zeit lang schwieg und mich vorsichtig musterte. Sie goss mir aus ihrer alten, weißen Porzellan-Kaffeekanne mehr heiße Schokolade in die Tasse und fuhr fort. „Es ist wie schneidern", sagte sie. „Man interessiert sich nicht dafür, wie viele Kleider man hat, sondern für die Qualität der Kleider, und ob die ausgesuchten Farben und Muster zusammenpassen. Ob man gut schneidert oder nicht, hängt davon ab, was man mit dem Kleidungsstück macht, ob es so aussieht, als gäbe es keine Nähte, als sei es aus einem Stück Stoff, und ob das Ergebnis harmonisch wirkt. Hilft dir das ein wenig weiter?"

„Es tut mir leid, Oma. Aber ich habe keine Ahnung vom Schneidern."

„Das Schneidern ist nur eine Analogie, Gabriel. Sieh mal, wenn jemand etwas Gutes schreibt, entwickelt er bestimmte Fähigkeiten, Vorgehensweisen und Gewohnheiten, die ihm bei jedem geschriebenen Text zu Gute kommen. Selbst wenn er diese Fähigkeiten und Gewohnheiten ständig überarbeitet, versucht er einen Sinn für das Ganze zu behalten. Es ist dieser Sinn für das Ganze, der ihm zeigt, welche Wörter er verwendet und wie er vorgeht."

„Oh", sagte ich. Ich merkte, daß Oma allmählich müde wurde, und ich selbst wurde langsam unruhig. Aber Großmutter fuhr fort: „Verstehst du, Gabriel. Eine ganz wichtige Fähigkeit des Geschichtenschreibers ist zu lernen, die alltäglichen Dinge des Lebens genau zu beobachten – sich die Geschichten der vielen Dinge vorzustellen, die wir Tag für Tag tun, sich die Geschichten auszumalen, die hinter den Dingen liegen könnten, die uns täglich widerfahren. Alles hat eine Geschichte. Manchmal glaube ich, dass sogar die Wörter, die wir benutzen um zu schildern, was uns passiert ist, eine Geschichte haben. Und all diese Geschichten warten nur darauf, erzählt zu werden."

Ich dachte darüber eine Weile nach und sagte dann: „Oh ja, wie zum Beispiel sich die Geschichte des blauen Eichelhähers auszudenken, der heute morgen zum ersten Mal an das Vogelhäuschen kam."

„Das ist ein sehr gutes Beispiel, Gabriel. Ich bin mir sicher, dass du eine gute Geschichte über meinen neuen Eichelhäher schreiben könntest, wo er herkommt, was er hinter sich ließ, was er bei seinen vielen Flügen erlebt hat und warum er sich entschieden hat diesen Winter in der Nähe meines Hauses zu bleiben. Denk nur daran, wie er sich fühlen wird, wenn er sich vor Mieke und Clio in Sicherheit bringen muss. Wenigstens habe ich dafür gesorgt, dass die beiden ein Glöckchen am Halsband tragen, damit die Vögel gewarnt werden."

All das geschah einen Monat, bevor meine Großmutter starb. Ich kann mich noch an alle Einzelheiten meines Besuchs in ihrem Bauernhaus erinnern. Die kleinen Kuchen und die Plätzchen, die sie aus dem Ofen holte, waren so lecker, leicht und süß, dass wir immer fast alles sofort aßen, was aus dem Ofen kam. Die alten gepressten Blumen, die wir zusammen auf Karten geklebt hatten, stehen jetzt auf dem Regal in meinem Zimmer, wie auch die vielen Worte, die wir ausgetauscht haben, in meiner Erinnerung aufbewahrt sind. Oft, wenn es Nacht ist, höre ich diese Worte aus den ruhigen Winkeln meiner Erinnerung zu mir sprechen, wenn ich ganz still bin.

Als meine Großmutter starb, habe ich mir selbst dieses Versprechen gegeben: *Ich werde ihre Worte, so gut ich mich daran erinnern kann, in einer Geschichte festhalten. Und ich werde mich bemühen diese Geschichte so gut zu schreiben, wie ich kann.*

KR